Orientalisch kochen

Rezepte aus 1001 Nacht

> Autorin: Tanja Dusy | Fotos: Jörn Rynio

Inhalt

Die Theorie

Die Rezepte

Extra

Aus Aladins Wundertöpfen

Taboulé, Pastilla oder Babaganoush – bereits die Namen der Gerichte klingen verheißungsvoll und lassen den Duft von Safran, Zimt und Rosenwasser erahnen. Wer dem Zauber orientalischer Küche bereits erlegen ist – sei es im Urlaub oder im Spezialitätenrestaurant –, möchte all diese Köstlichkeiten gerne selbst zubereiten. Das ist gar nicht schwer: ein kleiner Grundstock an Gewürzen und Zutaten, die inzwischen leicht erhältlich sind, die Rezepte aus diesem Büchlein und los kann es gehen. Tauchen Sie einfach ein in die wunderbare Welt orientalischer Küche!

Die Küche des Orients

1 | Einheit und Vielfalt

Bei »Orient« denken wir sofort an 1001 Nacht, Basare und Souks, fremde Spezereien und Gewürze. Doch wofür steht eigentlich der oft schon mystisch verklärte Begriff »Orient« oder »Morgenland«?
Rein geographisch ist er kaum greifbar, zählen doch Länder des Vorderen und Hinteren Orients sowie des Nahen Ostens dazu, von Nordafrika über die Arabische Halbinsel bis zum Iran. Oder fasst man darunter einfach alle Länder zusammen, in denen Arabisch gesprochen wird oder der Islam Hauptreligon ist?

1 Gemüse findet man auf vielen orientalischen Basaren in reichhaltiger Auswahl.

Die Verbindung ist vielleicht am ehesten in der gemeinsamen kulturellen Tradition und Geschichte zu sehen, die sich auch in den Küchen dieser Länder widerspiegelt. Bestimmte Produkte, Zubereitungsarten oder sogar Gerichte werden in den jeweils verschiedenen Länderküchen immer wieder neu variiert und machen so ihren gemeinsamen kulinarischen Reichtum aus. So genießt man etwa Kibbeh – gewürzte Getreide-Fleisch-Bällchen – in Ägypten, Syrien und dem Libanon und findet sie in der Türkei als Köfte wieder.

2 | Die Zutaten

Die Wurzeln der orientalischen Küche liegen in der einfachen Alltagskost Vieh züchtender Wüstennomaden. Fleisch, vor allem von Ziege oder Lamm und haltbare Trockenfrüchte wie Feigen oder Datteln, die als »Brot der Wüste« gelten, waren ihre Grundlagen. Mit dem Vordringen und Sesshaftwerden der Araber in fruchtbareren Gebieten erweiterte sich der Speisezettel durch frisches Obst, Gemüse und Getreide. Saftige Zitrusfrüchte, Melonen, Trauben, Feigen, Aprikosen und Granatäpfel und erfrischend knackiges Gemüse wie Tomaten, Gurken, Paprika, Möhren, Zucchini und Auberginen sind genau das richtige im heißen Klima und werden frisch oder gekocht und gebraten als Salat und Beilage gegessen.
In vielen arabischen Ländern mariniert man gegartes Gemüse oder legt es als pikante Pickles ein, um es so zu konservieren. Weil Lebensmittel bei hoher Hitze so leicht verderben, spielt Fisch in der traditionellen Orientküche kaum eine Rolle. Nur in küstennahen Gebieten oder an Flüssen, wie z. B. dem Nil, ist Fisch fester Bestandteil des Speisezettels.
Hülsenfrüchte wie Linsen, Bohnen oder Kichererbsen stehen als wichtige und preiswerte Eiweißquelle häufig auf dem Tisch.
Das bevorzugte Getreide ist Weizen, besonders in Form von haltbarem Grieß: Cous-

cous, das Nationalgericht Nordafrikas, und Bulgur, ein gängiges Grundnahrungsmittel im Nahen Osten. Reis ist ebenfalls sehr beliebt und Grundlage vieler persischer Gerichte.

Die Besonderheit orientalischer Speisen ist aber mit Sicherheit der verschwenderische Umgang mit Gewürzen. Der rege und Gewinn bringende Gewürzhandel zwischen Orient und Okzident sorgte für ein großes Angebot, dessen sich einst arabische Hofköche großzügig bedienen konnten. Die wertvollen Zutaten wie Pfeffer, Safran, Koriander, Kreuzkümmel, Muskat, Nelken, Piment, Zimt und Ingwer prägen daher bis heute den besonderen Geschmack orientalischer Speisen.

2 Frisches Brot wird auf den Straßen an jeder Ecke angeboten.

3 | Die Mahlzeiten

Die Tage unter morgenländischer Hitze beginnen im Regelfall früh und mit einem eher kleinen Frühstück; oft werden nur Brot, Schafkäse und Tomaten, etwas Joghurt oder Früchte gegessen. Mittags nimmt man vor allem in den Städten einen kleinen Imbiss ein, gerne in Form der berühmten Mezze – kleine, oft kalte Snacks, vergleichbar den spanischen Tapas. Das kann z. B. etwas eingelegtes Gemüse, Brot mit einem pikanten Dip oder auch Falafel vom Straßenstand sein. Die eigentliche Hauptmahlzeit gibt es erst abends. Oft spät, wenn es kühler ist, versammelt sich die gesamte Familie am Tisch. Eine strenge Menüfolge wie bei uns gibt es nicht, im Regelfall kommen alle Speisen gleichzeitig auf den Tisch und jeder nimmt sich, worauf er Lust hat. Brot ist dabei die unverzichtbare Beilage; es dient nicht nur zur Sättigung, sondern auch als Besteck, um Sauce oder Fleischstücke geschickt zu greifen – selbstverständlich nur mit der rechten Hand, die linke gilt nach islamischem Brauch als unrein. An besonderen Festtagen oder für Gäste wird reichlich aufgefahren: Mezze als Vorspeisen, dann verschiedene Fleisch-, Fisch- und Gemüsegerichte. Frisches Obst oder eine Tasse arabischer Mokka mit den berühmten honig-süßen Desserts bilden dann den krönenden Abschluss. Kaffee und Naschwerk anzubieten ist ein Zeichen besonderer Gastfreundschaft; denn der berühmte orientalische Mokka und die Süßigkeiten aus Unmengen von nicht gerade preiswerten Zutaten wie Nüssen und Honig sind für viele Araber eher schwer erschwinglich. So kommen diese Leckereien nur zu besonderen Anlässen auf den Tisch. Da Alkohol in vielen islamischen Staaten verboten ist, wird stattdessen zu den Speisen im Regelfall Wasser oder Tee gereicht.

3 Mokka wird ganz heiß serviert, nachdem sich der Satz gesenkt hat.

Die wichtigsten Zutaten

Couscous & Bulgur: Bei beiden handelt es sich um speziell vorbehandelten grob gemahlenen Weizengrieß. Man bekommt sie in türkischen Geschäften, in Reformhaus oder Bioladen; ebenso wie den einfach zuzubereitenden Instantcouscous.

Yufka-Teig: Die Blätter werden vor dem Backen meist mit flüssiger Butter bestrichen. Wichtig beim Verarbeiten: Offenen Teig mit einem feuchten Tuch abdecken. Yufka- oder Phyllo-Teig gibt es in verschiedenen Größen in türkischen und griechischen Geschäften.

Kicherbsen & Linsen: Getrocknete Kichererbsen müssen im Regelfall über Nacht eingeweicht werden. Braune Linsen brauchen nicht extra eingeweicht zu werden und die kleinen roten sind sogar in 15–20 Min. gar.

Granatäpfel: Zum Öffnen Stielansatz keilförmig ausschneiden und die Frucht in 2 Hälften brechen; diese kann man dann wie Orangen auspressen. Ersatz für frischen Saft: Granatapfel-Muttersaft aus dem Reformhaus.

Rosen- und Orangenblütenwasser: Werden zum Aromatisieren von süßen und herzhaften Gerichten verwendet. Nie mitkochen, das zerstört das zarte Aroma. Beides ist in Apotheken, aber auch türkischen oder arabischen Geschäften erhältlich.

Joghurt: Der Joghurt für arabische Gerichte sollte etwas fetter sein als normaler, keine Gelatine und wenig Molke enthalten. Am besten eignen sich griechischer Joghurt mit 10 % Fett, Bulgara-Joghurt oder Sahnejoghurt.

Typische Gewürze & Kräuter

Koriander: Die kleinen Körner werden meist gemahlen verwendet. Das intensiv schmeckende Grün hat in der arabischen Küche ähnliche Bedeutung wie unsere Petersilie. Man bekommt es in asiatischen Geschäften oder kann es selbst aus Samen ziehen.

Kreuzkümmel: Heißt auch »Kumin«. Die Samen ähneln zwar normalem Kümmel, haben aber einen völlig anderen, leicht herben, kräftigen Geschmack, der durch Anrösten noch verstärkt wird. Gemahlener Kreuzkümmel ist in jedem Supermarkt erhältlich.

Minze: Tee aus frischer Minze ist in Marokko Alltagsgetränk. Die dort verwendete »Nana-Minze« ist am aromatischsten und passt auch gut zu Salaten. Als Gewürz fast noch intensiver schmeckt getrocknete Minze, die man in Teegeschäften oder Bioläden findet.

Safran: Die Blütennarben einer Krokusart sind bis heute das teuerste Gewürz. Safran wird in Fäden oder gemahlen als Pulver angeboten. Egal was man bevorzugt: Sparsam verwenden und zum Verarbeiten in etwas heißem Wasser auflösen.

Harissa: Die teuflisch scharfe nordafrikanische Gewürzpaste besteht aus roten Chilis, Knoblauch, Gewürzen und Öl und sollte vorsichtig eingesetzt werden. Es gibt sie in Tuben oder Dosen, als Ersatz kann man auch notfalls Sambal oelek verwenden.

Zimt: Im Orient ist Zimt nicht nur für Süßspeisen vorgesehen. Er gibt Gemüse- und herzhaften Fleischgerichten ein ganz eigenes Aroma. Dazu werden entweder die ganzen Stangen mitgegart oder gemahlener Zimt verwendet.

Grundrezept

Eingelegte Zitronen werden in der nordafrikanischen Küche häufig verwendet. Meist wird nur die Schale mitgekocht, wie z. B. in vielen der berühmten marokkanischen Tajine-Gerichte; genauso gut schmeckt sie aber ungegart in Gemüsesalaten und Ofengerichten oder sie dient als attraktive Dekoration. Das Innere lässt sich leicht mit einem Teelöffel herauslösen.

Salzzitronen

FÜR 6 ZITRONEN

- **7 kleine unbehandelte Zitronen**
- **6 EL grobes Meersalz**
- **Einmachglas mit 3/4–1 l Fassungsvermögen**

TIPP

Die Zitronen kühl und dunkel lagern, so halten sie 3–6 Monate. Das Fruchtfleisch wird im Regelfall nicht verwendet; püriert und mit Öl und Kräutern verrührt, ist es aber wunderbare Grundlage für eine Grillmarinade für Fisch oder Fleisch.

1 *Zitronen heiß abspülen. 6 Zitronen längs viermal ca. 1 cm tief einschneiden (sie dürfen nicht auseinander fallen).*

2 *Bei jeder Zitrone 1 TL Meersalz in die Einschnitte drücken und die Zitronen in das saubere Einmachglas schichten.*

3 *Übrige Zitrone auspressen, Saft durch ein Sieb filtern und mit dem restlichen Salz über die Zitronen geben.*

4 *Zitronen mit kochendem Wasser übergießen, so dass sie bedeckt sind. Glas sofort verschließen. Kühl stellen und 3 Wochen marinieren.*

Gewürzmischungen

Ras el-Harnout

»Herr des Ladens« bedeutet der Name dieses nordafrikanischen Gewürzes; und in der Tat ein ganzes Gewürzsortiment macht die Mischung aus bis zu 30 einzelnen Zutaten aus. Hier eine einfache Version:

➤ Je 1 EL gemahlenen schwarzen Pfeffer, Chili- und Korianderpulver, je 2 TL Kreuzkümmel- und Zimtpulver, je 1/2 TL Nelken-, Kardamom- und Pimentpulver und je 2 Msp. Ingwerpulver, gemahlene Fenchelsamen und Muskatnuss mit 1 EL zerriebenen Rosenblütenblättern mischen.

Ras el-Harnout eignet sich besonders gut für Fleischragout und Tajine-Gerichte.

Baharat

Die recht scharfe Gewürzmischung für Fisch- und Fleischgerichte ist fast auf der gesamten arabischen Halbinsel verbreitet und jede Hausfrau hat ihr eigenes Rezept dafür. Eine einfache und vielseitig verwendbare Mischung:

➤ Je 2 EL gemahlenen schwarzen Pfeffer und Chilipulver, je 1 EL Koriander-, Kreuzkümmel- und Nelkenpulver und je 1/2 EL edelsüßes Paprika- und Zimtpulver mit 5 zerstoßenen Kardamomkapseln mischen.

Die Gewürzmischung schmeckt vor allem in Verbindung mit dunklem Fleisch, wie z. B. Lamm oder in deftigen Ragouts.

Chermoula

Das ist eine frisch angerührte Gewürzpaste aus Nordafrika. Fleisch und Fisch, aber auch Gemüse marinieren darin vor dem Garen für einige Stunden. 1 Portion reicht für ca. 600 g Fleisch oder Fisch:

➤ 1/4 TL Safranfäden oder 2–3 Msp. Safranpulver in 4 EL heißem Wasser auflösen. 1 Zwiebel und 2 Knoblauchzehen schälen und fein hacken. Beides mit Safranwasser, 5 EL gehackter Petersilie und 3 El gehacktem Koriandergrün, je 1 TL edelsüßem Paprika- und Kreuzkümmelpulver und 4 EL Olivenöl gut mischen. Mariniergut darin wenden und eventuell über Nacht durchziehen lassen.

Dukkah

In Ägypten schätzt man diese Nuss-Gewürzmischung als Vorspeise: Dazu wird einfach frisches Fladenbrot zuerst in etwas Olivenöl und dann in Dukkah gestippt. Toll schmeckt Dukkah auch über Salate oder mariniertes Gemüse gestreut.

➤ Je 75 g Korianderkörner und Kreuzkümmelsamen in einer Pfanne ohne Fett rösten, bis sie duften. 150 g Haselnüsse und 200 g Sesamsamen ebenso rösten. Alles abkühlen lassen und mit je 1/2 TL getrocknetem und zerriebenem Thymian und Minze im Blitzhacker zerkleinern. 1 TL Salz und etwas gemahlenen Pfeffer unterrühren.

Grundrezept

Brot gehört im Orient einfach zu jeder Mahlzeit und jedes Land kennt ein ganz eigenes Rezept. Meist ist »Chubz« – so die arabische Bezeichnung für Brot – ein einfaches helles Fladenbrot aus Weizenmehl, ähnlich dem türkischen Fladenbrot.
Die fertig gebackenen Brote lassen sich gut einfrieren und mit etwas Wasser besprengt aufbacken.

Fladenbrot

FÜR 10 STÜCK

- **1 Würfel Hefe (42 g)**
- **1 TL Zucker**
- **1 kg Weizenmehl**
- **1 TL Salz**
- **3 EL Olivenöl**

TIPPS

➤ Damit die Brote besonders schön aufgehen und luftig werden, die Bleche beim Vorheizen miterwärmen und die Fladen erst dann darauf setzen.
➤ Wer will, kann etwas zerstoßene Anis- oder Kardamomsamen unter den Teig mischen oder die Fladen vor dem Backen mit Sesam oder Schwarzkümmel bestreuen.

1 *Zerbröckelte Hefe mit Zucker und 100 ml lauwarmem Wasser mischen, 10 Min. ruhen lassen. Mehl mit Salz mischen.*

2 *Hefeansatz und Mehl unter Zugabe von Öl und 400 ml Wasser verkneten, 6–8 Min. kräftig kneten, 1 Std. zugedeckt gehen lassen.*

3 *Teig nochmals durchkneten, dann zu 10 je 1/2 cm dicken Fladen ausrollen. Zugedeckt nochmals 30 Min. gehen lassen.*

4 *Fladen auf Bleche (eventuell auf Backpapier) legen und nacheinander im vorgeheizten Ofen bei 220°(Mitte, Umluft 200) in 10–15 Min. hellbraun backen.*

Beilagen

Couscous

Couscous ist vor allem in Nordafrika verbreitet. Dort wird er meist in einem speziellen zweistöckigen Topf zubereitet; einfacher geht's mit Instantcouscous.

➤ Dazu Couscousgrieß und Wasser in gleichen Teilen abmessen (als Beilage für 4 Personen ca. 350 g Couscous auf 350 ml Wasser). Wasser leicht salzen, aufkochen lassen, Couscous einrühren und auf dem ausgeschalteten Herd 6–8 Min. quellen lassen. Mit einer Gabel auflockern und Butterflöckchen oder etwas Öl unterrühren.

➤ Man kann auch gehackte frische Kräuter, z. B. Thymian oder Koriander untermischen.

Bulgur

Bulgur aus geschältem, vorgegartem Hartweizengrieß wird in unterschiedlich starker Schrotung angeboten. Mittelfeiner Bulgur wird am häufigsten verwendet.

➤ Bulgur (als Beilage reichen ca. 300 g Bulgur für 4 Personen) in einem Sieb kalt abbrausen. Doppelte Menge leicht gesalzenes Wasser oder Brühe aufkochen lassen. Bulgur zugeben und zugedeckt ca. 10 Min. köcheln, dann auf dem ausgeschalteten Herd 20–30 Min. ausquellen lassen.

➤ Oder 1 gehackte Zwiebel in etwas Öl andünsten, Bulgur einrühren, mit Wasser (und nach Wunsch einigen gehackten Tomatenstückchen) aufgießen und wie oben beschrieben weitergaren.

Reis

In weiten Teilen des Orients schätzt man Reis nach der Pilawmethode gegart: Er wird mit etwas Fett angeschwitzt, mit Wasser aufgegossen und quillt ganz langsam gar, meist mit Gewürzen, Gemüse oder auch Fleisch.

➤ Hier ein Rezept für **Gewürzpilaw** (4 Personen): 300 g Reis in einem Sieb kalt überbrausen. 1 gehackte Zwiebel, 4 angequetschte Kardamomsamen, 1 Zimtstange und 3 Nelken in 2 EL Butterschmalz andünsten. Reis zugeben, 1–2 Min. unter Rühren dünsten, 600 ml Wasser angießen. 1 Prise Safranpulver und Salz zugeben und zugedeckt bei ganz schwacher Hitze oder ausgeschaltetem Herd 20 Min. ausquellen lassen.

Kartoffeln

Traditionell gehören Kartoffeln nicht in die orientalische Küche, sie sind aber inzwischen gut eingebürgert. Ein einfaches Rezept für scharfe Bratkartoffeln (**»Battata Harra«**) stammt aus dem Libanon.

➤ Für 4 Personen 750 g geschälte, klein gewürfelte Kartoffeln in 5–6 EL Olivenöl bei mittlerer Hitze in ca. 25 Min. braun braten. 5 Min. vor Garzeitende 1 Knoblauchzehe dazupressen und 2 gehackte frische grüne Chilischoten unterheben. Salzen, pfeffern und 2 EL gehacktes Koriandergrün und 2 EL Zitronensaft unter die fertigen Kartoffeln mischen.

Mezze und Snacks

Sie sind genau richtig als Vorspeise oder kleiner Imbiss. Die Bandbreite reicht von leckeren Cremes, die mit Brot gereicht werden, über mariniertes Gemüse und Salate bis hin zu handfesten Snacks wie Bruats oder Falafel. Und wer will, stellt sie zu einer kleinen Vorspeisentafel zusammen und ergänzt sie durch frische Gurken- und Tomatenscheiben, Oliven und Schafkäse. Die perfekte Partybewirtung!

Blitzrezepte

Orangensalat

FÜR 4 PERSONEN

➤ **4 Orangen | 1 rote Zwiebel | je 1/2 TL Kreuzkümmel- und Paprikapulver, edelsüß | 2 EL Olivenöl | Salz
100 g kleine schwarze Oliven
1 Prise Zimtpulver**

1 | Die Orangen schälen, dabei die weiße Haut mit entfernen und quer in dünne Scheiben schneiden; den Saft auffangen.

2 | Zwiebel schälen, in dünne Ringe schneiden. Orangensaft mit Kreuzkümmel, Paprika und Olivenöl verrühren, mit Salz abschmecken. Orangen dachziegelartig auf einer Platte anrichten, Zwiebelringe und Oliven darauf verteilen und mit Dressing beträufeln. Mit Zimt bestäuben und gut gekühlt mit Fladenbrot servieren.

Spinat in Joghurtsauce

FÜR 4 PERSONEN

➤ **300 g TK-Spinat | 4 EL Rosinen
1 Zwiebel | 1 Knoblauchzehe
1 EL Olivenöl | 2 Frühlingszwiebeln
200 g griechischer Joghurt | 1/2 TL Kreuzkümmelpulver | 1 TL zerriebene getrocknete Minze | Salz | Pfeffer**

1 | Den Spinat auftauen lassen. Rosinen in heißem Wasser einweichen.

2 | Zwiebel und Knoblauch schälen, würfeln und im heißen Öl andünsten. Spinat zugeben, 1–2 Min. mitdünsten, dann abkühlen lassen. Zwiebeln waschen, putzen und in Ringe schneiden. Mit Joghurt, Kreuzkümmel und Minze mischen. Spinat ausdrücken und mit abgetropften Rosinen unterheben. Mit Salz und Pfeffer abschmecken.

Klassiker

Babaganoush

FÜR 4 PERSONEN

➤ 2 Auberginen (ca. 600 g)
2 Knoblauchzehen
Saft von 1 Zitrone
3 EL Tahin (Sesammus)
1/2 TL Kreuzkümmelpulver
Salz | Pfeffer
Petersilie zum Bestreuen

Zubereitung: 15 Min.
Backzeit: 30 Min.
➤ Pro Portion ca.: 70 kcal

1 | Backofen auf 250° vorheizen. Auberginen waschen, mit einer Gabel mehrmals einstechen und auf einem Backblech im Backofen (Mitte, Umluft 220°) in ca. 30 Min. weich garen.

2 | Auberginen abkühlen lassen, häuten und in Stücke schneiden. Knoblauch schälen und hacken. Beides mit Zitronensaft pürieren. Tahin und Kreuzkümmel unterrühren, mit Salz und Pfeffer abschmecken. Vor dem Servieren mit Petersilie bestreuen.

mild | würzig

Möhren-Linsen-Creme

FÜR 4 PERSONEN

➤ 1 Zwiebel
250 g Möhren
2 EL Olivenöl
Salz
1 EL Korianderpulver
300 ml Hühnerbrühe
100 g rote Linsen
1/4 TL Harissa
Saft von 1 Orange
Petersilie zum Bestreuen

Zubereitung: 45 Min.
➤ Pro Portion ca.: 170 kcal

1 | Zwiebel schälen und würfeln. Möhren putzen, schälen und in Scheiben schneiden. Zwiebel im heißen Öl glasig dünsten, Möhren kurz mitdünsten. Mit Salz und Korianderpulver würzen, mit Brühe ablöschen. Zugedeckt 20 Min. köcheln lassen.

2 | Linsen, Harissa und Orangensaft zu den Möhren geben und 15 Min. garen. Abkühlen lassen, eventuell nochmals abschmecken, pürieren und mit Petersilie bestreuen.

Klassiker | schnell

Hummus

FÜR 4 PERSONEN

➤ 1 Dose Kichererbsen (240 g Abtropfgewicht)
1 Knoblauchzehe
Saft von 1/2 Zitrone
2 EL Olivenöl
2 EL Tahin (Sesammus)
Salz
1/2 TL Kreuzkümmelpulver
1 Prise Kurkumapulver
Paprikapulver, edelsüß

Zubereitung: 15 Min.
➤ Pro Portion ca.: 145 kcal

1 | Die Kichererbsen in ein Sieb gießen, kalt abbrausen und abtropfen lassen. Knoblauch schälen und grob hacken.

2 | Kicherbsen und Knoblauch mit Zitronensaft und Öl pürieren. Tahin unterrühren und mit Salz, Kreuzkümmel, Kurkuma und 1/2 TL Paprika würzen. Vor dem Servieren mit Paprika bestäuben.

im Bild hinten: **Babaganoush** *im Bild rechts:* **Hummus** *im Bild vorne:* **Möhren-Linsen-Creme** ➤

Klassiker | vegetarisch

Taboulé

FÜR 4 PERSONEN

- **150 g feiner Bulgur**
  Salz | Pfeffer
  1 Bund Frühlingszwiebeln
  2 Fleischtomaten
  1/2 Salatgurke
  1 Bund Petersilie
  1/2 Bund Minze
  5 EL Zitronensaft
  3 EL Olivenöl
  je 1/4 TL Kreuzkümmel- und Paprikapulver, edelsüß

Zubereitung: 35 Min.
Quellzeit: 45 Min.
Kühlzeit: 30 Min.
- Pro Portion ca.: 205 kcal

1 | Den Bulgur mit 300 ml heißem Salzwasser übergießen und 45 Min. (oder nach Packungsangabe) quellen lassen.

2 | Gemüse und Kräuter waschen. Gemüse putzen. Frühlingszwiebeln mit dem Grün in feine Ringe schneiden, Tomaten klein würfeln, dabei Stielansätze entfernen. Gurke schälen, entkernen und klein würfeln. Petersilie und Minze trocknen und hacken. Alles in eine Schüssel geben. Den Bulgur in ein Sieb schütten, abtropfen lassen und in die Schüssel geben.

3 | Den Zitronensaft mit Öl, Kreuzkümmel und Paprika gut verquirlen und mit Salz und Pfeffer abschmecken. Mit dem Salat mischen und vor dem Servieren 30 Min. durchziehen lassen.

Klassiker aus Syrien

Fattoush

FÜR 4 PERSONEN

- **4 Tomaten**
  2 grüne Paprikaschoten
  1 Salatgurke
  5 Frühlingszwiebeln
  2 Knoblauchzehen
  je 5 Zweige Minze, Petersilie und Koriandergrün
  1 türkisches Fladenbrot
  8 EL Olivenöl
  Saft von 1 Zitrone
  Salz | Pfeffer
  100 g schwarze Oliven

Zubereitung: 40 Min.
- Pro Portion ca.: 410 kcal

1 | Tomaten und Paprika waschen, putzen und in 2 cm große Würfel schneiden, dabei die Stielansätze der Tomaten entfernen. Gurke schälen, längs halbieren, entkernen und in Scheiben schneiden. Frühlingszwiebeln waschen, putzen und mit dem Grün in Ringe schneiden. Knoblauch schälen und fein hacken, die Hälfte beiseite legen. Die Kräuter waschen, trocknen, abzupfen und hacken. Alles in einer Schüssel mischen.

2 | Das Brot in mundgerechte Stücke schneiden. 5 EL Olivenöl in einer Pfanne erhitzen und den übrigen Knoblauch hineingeben. Darin das Brot bei mittlerer Hitze rundherum knusprig braun braten. Auf Küchenpapier abtropfen lassen.

3 | Restliches Öl und Zitronensaft verrühren, mit Salz und Pfeffer abschmecken und mit Gemüse und den Oliven mischen. Das Brot unterheben. Vor dem Servieren 10 Min. durchziehen lassen.

im Bild rechts: **Taboulé** *im Bild links:* **Fattoush**

erfrischend | fürs Büffet

Paprika-Auberginen-Salat

FÜR 4 PERSONEN

- 3 rote Paprikaschoten
- 1 große Aubergine
- 4 EL Olivenöl
- 2 Eiertomaten
- 1 Knoblauchzehe
- 1/2 EL Harissa | Salz
- 1 Salzzitrone (s. Seite 8)
- 100 g entsteinte schwarze Oliven
- je 2 EL gehackte Petersilie und Koriandergrün
- 2 EL Zitronensaft

Zubereitung: 50 Min.
Pro Portion ca.: 160 kcal

1 | Paprika und Aubergine waschen und putzen. Paprika in 3 cm große Stücke, Aubergine in 2 cm große Würfel schneiden. Öl in einer Pfanne erhitzen und beides darin bei mittlerer Hitze ca. 15 Min. dünsten, ab und zu umrühren.

2 | Inzwischen die Tomaten waschen und fein würfeln, dabei Stielansätze entfernen. Knoblauch schälen und in Scheiben schneiden. Beides mit Harissa unter das Gemüse rühren, salzen und weitere 5–10 Min. dünsten, dann in eine Schüssel füllen.

3 | Die Salzzitrone vierteln, das Innere entfernen, die Schale winzig klein würfeln. Oliven grob zerschneiden. Beides unter das Gemüse mischen. Abkühlen lassen. Kräuter und Zitronensaft unterrühren. Schmeckt lauwarm oder gut gekühlt.

TIPP
Besonders hübsch sieht der Salat mit einer Dekoration aus Zitronenachteln und ganzen Oliven aus.

sommerlich | schnell

Tomaten mit Korianderpaste

FÜR 4 PERSONEN

- 600 g Fleischtomaten
- 200 g Schafkäse (Feta)
- 3 EL Walnusskerne
- 1 Knoblauchzehe
- 1 Bund Koriandergrün
- 1 EL Zitronensaft
- 6 EL Olivenöl
- 1 Msp. Kreuzkümmelpulver
- Salz | Pfeffer

Zubereitung: 20 Min.
Pro Portion ca.: 310 kcal

1 | Die Tomaten waschen und achteln, dabei die Stielansätze entfernen. Schafkäse zerbröseln und auf einer Platte aufhäufen. Tomaten um den Schafkäse anrichten.

2 | Die Walnüsse grob hacken, Knoblauch schälen und hacken. Koriandergrün waschen, trocknen und grob zerschneiden. Alles mit Zitronensaft und Öl pürieren. Mit Kreuzkümmel, Salz und Pfeffer abschmecken und über die Tomaten träufeln.

Beilage: frisches Fladenbrot.

im Bild vorne: **Tomaten mit Korianderpaste** *im Bild hinten:* **Paprika-Auberginen-Salat**

preiswert

Persische Zucchini

FÜR 4 PERSONEN

- **5 mittelgroße Zucchini (ca. 600 g)**
- **7 EL Olivenöl**
- **Salz | Pfeffer**
- **3 Knoblauchzehen**
- **1/4 TL Kurkumapulver**
- **1 Msp. Kreuzkümmelpulver**
- **1/8 l Gemüsebrühe**
- **200 g Joghurt**
- **2 EL zerriebene getrocknete Minze**

Zubereitung: 45 Min.

Pro Portion ca.: 220 kcal

1 | Die Zucchini waschen, putzen und längs in ca. 1/2 cm dicke Scheiben schneiden. Etwas Olivenöl in einer Pfanne erhitzen und die Zucchini darin portionsweise in je 6–8 Min. beidseitig braun braten, salzen und pfeffern. (3 EL Öl übrig behalten!) Zucchini auf Küchenpapier entfetten und in eine Schale legen.

2 | Knoblauch schälen und fein würfeln. 1 El Öl zum Bratsatz in die Pfanne geben, ein Drittel vom Knoblauch darin andünsten. Kurkuma und Kreuzkümmel darüber stäuben, mit Brühe ablöschen und 3–4 Min. köcheln lassen. Sud über die Zucchini geben, abkühlen lassen.

3 | Joghurt glatt rühren und auf den Zucchini verteilen. Restliches Öl erhitzen, restlichen Knoblauch und Minze darin ca. 1 Min. dünsten. Über den Joghurt träufeln.

raffiniert

Zimt-Auberginen

FÜR 4 PERSONEN

- **3 EL Rosinen**
- **2 Auberginen (ca. 700 g)**
- **1 Knoblauchzehe**
- **5 EL Olivenöl**
- **1 große Dose Tomaten (800 g)**
- **2 TL Ras el-Harnout (s. Seite 9)**
- **1/4 TL Zimtpulver**
- **1 EL Zucker**
- **4 EL Mandelstifte**
- **Salz**
- **Minzeblättchen zum Garnieren**

Zubereitung: 40 Min.

Pro Portion ca.: 245 kcal

1 | Rosinen in einer Schale mit heißem Wasser übergießen. Auberginen waschen, putzen und in 2 cm große Würfel schneiden. Knoblauch schälen.

2 | Das Öl in einer großen Pfanne erhitzen, die Auberginen darin anbraten. Knoblauch dazupressen und 8–10 Min. bei mittlerer Hitze unter Rühren weitergaren.

3 | Die Rosinen abgießen. Dosentomaten kleinschneiden und mit ihrem Saft, Rosinen, Gewürzen und Mandeln unter die Auberginen rühren. Weitere 10–15 Min. garen, eventuell etwas Wasser zugeben. Mit Salz würzen. Lauwarm oder kalt, mit Minzeblättchen dekoriert, servieren.

im Bild vorne: **Persische Zucchini** *im Bild hinten:* **Zimt-Auberginen** ➤

aus Nordafrika | gut vorzubereiten

Bruats mit zweierlei Füllungen

FÜR 18 STÜCK

➤ 400 g Yufka-Teig (3 runde Blätter) | 150 g Butter
Backpapier für die Bleche

➤ Für die Fischfüllung:
1 Ei
50 g entsteinte grüne Oliven
2 Tomaten
1 Dose Tunfisch im eigenen Saft (Abtropfgewicht 135 g)
2 EL gehacktes Koriandergrün
1/2 TL Kreuzkümmelpulver
1/2 TL Paprikapulver, edelsüß
Salz | Pfeffer

➤ Für die Käsefüllung:
200 g Schafkäse (Feta)
1 Ei
2 EL gehackte Petersilie
1 EL gehackte Minze
2 Frühlingszwiebeln
1/2 TL Chilipulver

Zubereitung: 55 Min.
Backzeit: 25 Min.
➤ Pro Stück ca.: 180 kcal

1 | Für die Fischfüllung das Ei hart kochen, abschrecken, pellen und hacken. Oliven hacken. Tomaten waschen und ohne Kerne und Stielansätze fein würfeln. Tunfisch abgießen und zerpflücken. Alles mit Koriandergrün und Gewürzen mischen, salzen und pfeffern.

2 | Für die Käsefüllung den Käse zerdrücken, mit Ei und Kräutern verquirlen. Zwiebeln waschen, putzen, in feine Ringe schneiden und untermischen. Mit Chili würzen.

3 | Backofen auf 200° vorheizen. Backbleche mit Backpapier auslegen. Teig in je 6 ca. 10 cm breite Streifen schneiden. Die Butter zerlassen und auf die Streifen pinseln (etwas Butter übrig lassen). Auf jeden Teigstreifen unten 1 EL Füllung geben und aufrollen. Päckchen mit Butter bepinseln.

4 | Teigtaschen auf die Bleche setzen und nacheinander im Backofen (Mitte, Umluft 180°) in 20–25 Min. goldbraun backen, einmal wenden.

1 **Dreieck falten**

Den unteren Teigrand zum Dreieck falten, so dass er bündig am rechten Rand des Streifens liegt.

2 **Päckchen falten**

Dieses Dreieck nach oben auf den Streifen falten, das neue Dreieck diagonal weiterfalten.

3 **Päckchen buttern**

Die Dreiecke rundum mit Butter bepinseln; überstehenden Teig bündig über das Dreieck klappen.

Klassiker | vegetarisch

Falafel

FÜR 4 PERSONEN
(CA. 25 STÜCK)

- **250 g getrocknete Kichererbsen**
- **1 Zwiebel**
- **3 Knoblauchzehen**
- **je 1/2 Bund Petersilie und Koriandergrün**
- **1 EL Zitronensaft**
- **50 g Semmelbrösel**
- **1 TL Backpulver**
- **2 EL Mehl | Salz**
- **je 1 TL Kreuzkümmel- und Korianderpulver**
- **Öl zum Frittieren**

Zubereitung: 45 Min.
Einweichzeit: 12 Std.
Pro Portion ca.: 390 kcal

1 | Die Kicherbsen in eine Schüssel geben und mit reichlich Wasser bedeckt 12 Std. einweichen.

2 | Die Kichererbsen in einem Sieb abtropfen lassen. Zwiebel und Knoblauch schälen und hacken. Petersilie und Koriandergrün waschen, abtrocknen und hacken. Alles mit dem Zitronensaft im Mixer fein pürieren.

3 | Das Kichererbsenmus gut mit Semmelbröseln, Backpulver und Mehl verkneten und mit Salz, Kreuzkümmel und Koriander abschmecken. Aus dem Teig walnussgroße Bällchen formen.

4 | Das Öl in einer tiefen Pfanne erhitzen und die Bällchen darin portionsweise in 4–5 Min. goldbraun frittieren. Auf Küchenpapier abtropfen lassen und heiß servieren.

gelingt leicht

Zucchini-Küchlein

FÜR 4 PERSONEN

- **1 Dose Kichererbsen (Abtropfgewicht 240 g)**
- **2 Zucchini (ca. 300 g)**
- **1 Knoblauchzehe**
- **2 Eier**
- **1/2 TL zerriebene getrocknete Minze**
- **1/2 TL getrockneter Majoran**
- **1/4 TL Paprikapulver, edelsüß**
- **1/2 TL Kreuzkümmelpulver**
- **5 EL Mehl | Salz**
- **Öl zum Braten**

Zubereitung: 40 Min.
Pro Portion ca.: 280 kcal

1 | Die Kichererbsen in ein Sieb geben, mit kaltem Wasser abbrausen und abtropfen lassen. Die Zucchini waschen, putzen und grob raspeln. Knoblauch schälen und hacken. Die Eier trennen und die Eiweiße steif schlagen.

2 | Die Kicherbsen pürieren und mit Eigelben, Zucchini, Knoblauch, Kräutern und Gewürzen verrühren. Das Mehl gut unterrühren und mit Salz abschmecken. Den Eischnee unter die Masse heben.

3 | Reichlich Öl in einer Pfanne erhitzen. Esslöffelweise Teig hineingeben und leicht glatt streichen. Die Küchlein pro Seite in 4–5 Min. bei mittlerer Hitze goldbraun ausbacken, auf Küchenpapier abtropfen lassen. Schmecken am besten lauwarm.

im Bild vorne: **Zucchini-Küchlein** *im Bild hinten:* **Falafel**

Klassiker | für Gäste

Kibbeh

FÜR 4–6 PERSONEN
(20 STÜCK)

- **220 g feiner Bulgur**
- **80 g Walnusskerne**
- **2 große Zwiebeln**
- **800 g Lamm- oder Rinderhackfleisch**
- **2 TL Paprikapulver, edelsüß**
- **Salz | Pfeffer**
- **2 EL Olivenöl**
- **je 1/2 TL Zimt-, Piment- und Nelkenpulver**
- **Öl zum Frittieren**

Zubereitung: 1 Std.
➤ Pro Stück ca.: 180 kcal

1 | Den Bulgur mit reichlich warmem Wasser übergießen, 20 Min. quellen lassen und in einem Sieb abtropfen lassen.

2 | Inzwischen die Walnüsse hacken. Die Zwiebeln schälen und würfeln. Ca. ein Drittel der Zwiebeln mit ca. 500 g Hackfleisch, dem Bulgur, Paprika, Salz und Pfeffer gut vermengen.

3 | Die übrigen Zwiebeln im heißen Olivenöl andünsten, übriges Hackfleisch, restliche Gewürze und Nüsse zugeben, kräftig braun anbraten, salzen, pfeffern und abkühlen lassen.

4 | Den Bulgurfleischteig in 20 Portionen teilen und zu eiförmigen Klößchen formen. Eine Öffnung in das eine Ende drücken und etwas gebratene Fleischmasse hineingeben. Die Öffnung verschließen und die Enden der Klößchen zu Spitzen formen.

5 | Das Öl in einer tiefen Pfanne erhitzen und die Kibbeh darin portionsweise unter Wenden in 4–5 Min. braun braten. Auf Küchenpapier abtropfen lassen und, falls nötig, im Backofen (50°) warm halten.

➤ Beilage: ein Dip aus 300 g glatt gerührtem Joghurt mit 1 Bund gehacktem Dill, 1/2 Bund gehacktem Rucola, dem Saft und der Schale von 1/2 Zitrone, Salz und Pfeffer.

1 Klößchen formen
Klößchen in die linke Hand nehmen und mit rechtem Daumen eine Öffnung hineindrücken.

2 Öffnung formen
Öffnung vorsichtig vergrößern; je dünner die äußere Teighülle wird, desto besser.

3 Kibbeh spitzformen
Die Enden der Klößchen am besten mit angefeuchteten Fingern spitz ausformen.

Hauptgerichte

Tafeln wie ein Sultan – nichts einfacher als das. Mit Rezepten wie Persischer Möhrenreis, Rindfleisch mit Kicherbsen oder Fisch-Tajine versetzen Sie Familie und Gäste ins Morgenland. Vegetarisches, Fisch und Fleisch: Für jeden ist das Richtige dabei. Und damit die Tafel richtig üppig wird, immer genug Brot, Reis oder Couscous zu den Gerichten reichen.

Blitzrezepte

Lammkoteletts

FÜR 4 PERSONEN

➤ 8 Lammkoteletts (à ca. 100 g)
2 Knoblauchzehen | 5 EL Olivenöl
1 kleine getrocknete Chilischote
2 Zweige Thymian | je 1 TL Koriander- und Kreuzkümmelpulver | Salz
Pfeffer | Öl zum Braten

1 | Die Koteletts waschen, trockentupfen und in eine flache Schale legen. Knoblauch schälen und in das Öl pressen. Chili zerbröseln, Thymian waschen, trocknen und hacken, beides mit den Gewürzen unter das Öl rühren. Über die Koteletts geben und 2 Std. marinieren (einmal wenden).

2 | Wenig Öl in einer Pfanne erhitzen und die Koteletts darin pro Seite in 3–5 Min. braun braten.

Kräuteromelett

FÜR 4 PERSONEN

➤ 6 Frühlingszwiebeln | 6 Eier
1 Bund Petersilie | je 1/2 Bund Koriandergrün und Dill | 1/2 TL Pimentpulver | 1/4 TL Paprikapulver, edelsüß | 1 Msp. Safranpulver | Salz
Pfeffer | 3 EL Butterschmalz

1 | Backofen auf 180° vorheizen. Zwiebeln waschen, putzen und in Ringe schneiden. Eier trennen, Eiweiße steif schlagen. Eigelbe gut verquirlen. Kräuter waschen, hacken, mit den Gewürzen unter die Eigelbe rühren, salzen und pfeffern. Eischnee unterheben.

2 | Schmalz mit Zwiebeln in einer ofenfesten Pfanne erhitzen. Eimasse hineingießen, im Backofen (Mitte, Umluft 160°) in 12–15 Min. goldgelb backen.

gelingt leicht

Grüne Brotsuppe

FÜR 4 PERSONEN

- 1 Bund Frühlingszwiebeln
- 100 g Blattspinat
- 4 Artischockenherzen (Dose)
- 6 EL Butterschmalz
- 300 g TK-Erbsen
- 1 1/2 l Hühnerbrühe
- 1/2 türkisches Fladenbrot
- 1/2 TL Paprikpulver, edelsüß
- je 3 EL gehackte Minze und Petersilie
- Salz | Pfeffer

Zubereitung: 45 Min.
Pro Portion ca.: 325 kcal

1 | Die Zwiebeln waschen, putzen und in grobe Ringe schneiden. Spinat waschen, verlesen und in breite Streifen schneiden. Artischocken abtropfen lassen, vierteln.

2 | In einem Suppentopf 2 EL Schmalz erhitzen, Zwiebeln darin kurz andünsten. Erbsen zugeben und mit Brühe ablöschen. Zugedeckt 20 Min. köcheln lassen.

3 | Inzwischen das Brot in mundgerechte Stücke schneiden. Restliches Schmalz in einer Pfanne zerlassen, das Brot darin knusprig braun braten, mit Paprika bestäuben.

4 | Spinat und Artischocken in die Suppe geben und 2–3 Min. garen. Brot auf vier Teller verteilen. Kräuter unter die Suppe mischen und mit Salz und Pfeffer abschmecken. Die Suppe auf das Brot in die Teller verteilen und sofort servieren.

preiswert

Linsensuppe

FÜR 4 PERSONEN

- 1 Zwiebel | 1 Möhre
- 2 Stangen Staudensellerie
- 2 Tomaten
- 2 EL Butterschmalz
- 1 1/4 l Gemüsebrühe
- 200 g rote Linsen
- 1 TL Kreuzkümmel
- Salz | Pfeffer
- 6 Knoblauchzehen
- 4 EL Olivenöl
- Saft von 1/2 Zitrone
- 100 g Joghurt

Zubereitung: 40 Min.
Pro Portion ca.: 385 kcal

1 | Zwiebel schälen und würfeln. Möhre schälen, Sellerie putzen, beides in dünne Scheiben schneiden. Tomaten fein würfeln, dabei die Stielansätze entfernen.

2 | Das Schmalz in einem Suppentopf erhitzen, Zwiebel, Möhre und Sellerie kurz andünsten und mit Brühe ablöschen. Linsen und Tomaten zugeben, mit Kreuzkümmel, Salz und Pfeffer würzen. Zugedeckt bei mittlerer Hitze 20–25 Min. köcheln lassen.

3 | Inzwischen Knoblauch schälen, grob hacken und mit dem Olivenöl und Zitronensaft im Mörser zu einem Brei zerdrücken. In den Joghurt rühren. Die Suppe pürieren, auf Teller verteilen und jeweils 1 Klecks Joghurt darauf geben.

im Bild vorne: Grüne Brotsuppe *im Bild hinten:* Linsensuppe

fruchtig | leicht

Tunesisches Gemüseragout

FÜR 4 PERSONEN

- **300 g Möhren**
- **4 Stangen Staudensellerie**
- **2 Zwiebeln**
- **2 EL Olivenöl**
- **1 Stange Zimt**
- **2 EL Tomatenmark**
- **300 ml Gemüsebrühe**
- **300 g grüne Bohnen (TK)**
- **je 1/4 TL Harissa und Kurkumapulver**
- **Salz**
- **3 EL Rosinen**
- **Saft von 2 Orangen**

Zubereitung: 45 Min.

Pro Portion ca.: 160 kcal

1 | Möhren und Sellerie waschen und putzen, Möhren schälen und beides schräg in dünne Scheiben schneiden. Die Zwiebeln schälen und würfeln.

2 | Das Öl in einem großen Topf erhitzen, Zwiebeln darin glasig andünsten, Zimt, Tomatenmark, Möhren und Sellerie unter Rühren 2 Min. mitdünsten. Mit der Brühe ablöschen. Bohnen, Harissa, Kurkuma und Rosinen unterrühren und zugedeckt 20–25 Min. köcheln lassen, dabei nach und nach den Orangensaft zugießen.

Beilage: Couscous und Joghurt.

raffiniert

Persischer Möhrenreis

FÜR 4 PERSONEN

- **500 g Möhren**
- **je 75 g Rosinen und getrocknete Berberitzen (ersatzweise Sauerkirschen)**
- **1 Zwiebel**
- **350 g Basmatireis | Salz**
- **5 EL Butterschmalz**
- **100 g Mandelstifte**
- **Pfeffer**
- **1/4 TL Safranfäden**

Zubereitung: 30 Min.

Garzeit: 50 Min.

Pro Portion ca.: 670 kcal

1 | Die Möhren waschen, schälen und in dünne, 4 cm lange Stifte schneiden. Rosinen und Berberitzen mit heißem Wasser übergießen. Die Zwiebel schälen und würfeln.

2 | Den Reis in einem Sieb kalt abbrausen, anschließend in ausreichend Salzwasser 6–8 Min. sprudelnd kochen lassen. In ein Sieb abgießen, kalt abbrausen und abtropfen lassen.

3 | Die Zwiebel in einer Pfanne in 1 EL Butterschmalz glasig dünsten. Möhren und Mandeln zugeben und unter Rühren 5 Min. dünsten, kräftig salzen und pfeffern. Rosinen und Berberitzen abgießen, mit den Möhren mischen.

4 | Safran in 80 ml heißes Wasser einrühren. Übriges Schmalz in einem Topf erhitzen, Safranwasser zugeben. Die Hälfte Reis darauf verteilen, Möhren darüber geben und mit übrigem Reis abdecken. Ein Küchenhandtuch um den Topfdeckel schlagen, Deckel dicht auf den Topf legen. Reis zugedeckt bei ganz schwacher Hitze 45–50 Min. garen. Den fertigen Reis vor dem Servieren mischen.

◄ *im Bild vorne:* **Persischer Möhrenreis** *im Bild hinten:* **Tunesisches Gemüseragout**

aus Algerien

Schakschuka

FÜR 4 PERSONEN

- **600 g Tomaten**
- **3 große Zwiebeln**
- **3 EL Olivenöl**
- **1/2 TL Harissa**
- **je 1 Msp. Safran-, Kreuzkümmel- und Zimtpulver**
- **300 g TK-Erbsen**
- **Salz**
- **4 Eier**
- **1 Msp. Paprikapulver, edelsüß**

Zubereitung: 25 Min.

Pro Portion ca.: 225 kcal

1 | Tomaten kreuzweise einritzen, mit kochendem Wasser überbrühen, häuten und fein würfeln. Zwiebeln schälen und grob würfeln.

2 | Öl in einer tiefen Pfanne erhitzen, Zwiebeln darin glasig andünsten, Tomaten zugeben und 5 Min. dünsten. Harissa, Safran, Kreuzkümmel, Zimt, Erbsen und 150 ml Wasser dazugeben, salzen und 20 Min. bei mittlerer Hitze köcheln lassen, eventuell die Hitze reduzieren.

3 | In das Gemüse 4 Mulden drücken, Eier hineingeben, salzen und mit Paprika bestäuben. Die Eier zugedeckt bei mittlerer Hitze in ca. 8 Min. stocken lassen.

vegetarisch

Gefüllte Auberginen

FÜR 4 PERSONEN

- **4 Auberginen (à ca. 250 g)**
- **6 EL Olivenöl**
- **3 Fleischtomaten**
- **2 Zwiebeln**
- **200 g mittelgrober Bulgur**
- **2 EL Rosinen**
- **2 EL Pinienkerne**
- **1 EL zerriebene getrocknete Minze**
- **1/4 TL Zimtpulver**
- **2 EL Tomatenmark**
- **Salz | Pfeffer**
- **Öl für die Form**

Zubereitung: 35 Min.

Garzeit: 30 Min.

Pro Portion ca.: 455 kcal

1 | Die Auberginen waschen, Stiele entfernen und Früchte längs halbieren. 2 EL Öl in einer Pfanne erhitzen, 4 Auberginenhälften darin in 5–8 Min. rundum anbraten. Andere Hälften ebenso braten.

2 | Backofen auf 180° vorheizen. Eine große ofenfeste Form fetten. Tomaten waschen, in Scheiben schneiden, dabei Stielansätze entfernen und Saft auffangen. Zwiebeln schälen, würfeln und im übrigen Öl andünsten. Bulgur kurz mitdünsten, mit 400 ml Wasser und Tomatensaft ablöschen, Rosinen zugeben und 5 Min. bei schwacher Hitze quellen lassen.

3 | Auberginen mit einem Löffel aushöhlen (1 cm Rand stehen lassen). Das Fruchtfleisch hacken und mit Pinienkernen, Minze, Zimt und Tomatenmark unter den Bulgur mischen. Salzen und pfeffern. Bulgurmasse in die ausgehöhlten Auberginen füllen. Auberginen in die Form setzen, mit Tomaten belegen, salzen und pfeffern. Im Backofen (Mitte, Umluft 150°) ca. 30 Min. garen.

Beilage: Joghurt mit Knoblauch, Salz und Kreuzkümmel gewürzt.

im Bild vorne: **Gefüllte Auberginen** *im Bild hinten:* **Schakschuka**

aus Marokko | scharf

Chermoula-Fisch

FÜR 4 PERSONEN

- 4 küchenfertige Makrelen (à ca. 300 g)
- 1 unbehandelte Zitrone
- 1/2 TL Chilipulver
- 1 Portion Chermoula (s. Seite 9; ohne Zwiebel)
- 500 g Tomaten
- Salz | Pfeffer
- 3 Frühlingszwiebeln
- 2 EL Olivenöl

Zubereitung: 50 Min.
Marinierzeit: 2 Std.
Pro Portion ca.: 620 kcal

1 | Die Fische unter fließendem kaltem Wasser säubern und trockentupfen. Beidseitig viermal kreuzförmig einschneiden. Die Zitrone heiß waschen, Schale abreiben, Saft auspressen, mit Chili und Chermoula mischen. In die Einschnitte und Bauchhöhlen der Fische verteilen.

2 | Backofen auf 200° vorheizen. Tomaten waschen, in Scheiben schneiden, dabei die Stielansätze entfernen. In eine ofenfeste Form legen, salzen und pfeffern. Zwiebeln waschen, putzen, in Ringe schneiden und darüber streuen.

3 | Die Fische salzen, in die Form legen und mit Öl beträufeln. Im Backofen (Mitte, Umluft 175°) in 20–25 Min. braten.

für Gäste

Fischcouscous

FÜR 6 PERSONEN

- 4 Tomaten
- 3 Zucchini | 6 Möhren
- 2 weiße Rüben
- 2 Zwiebeln
- 2 EL Olivenöl
- 400 ml Fischfond (Glas)
- je 1/2 TL Kreuzkümmel- und Kurkumapulver
- 1 Lorbeerblatt
- je 2 EL gehackte Petersilie und Koriandergrün
- Schale von 1/2 Salzzitrone (s. Seite 8)
- Salz | Pfeffer
- 1 kg Fischfilet
- 250 g geschälte rohe Garnelen
- 500 g Couscousgrieß
- Harissa

Zubereitung: 1 Std. 10 Min.
Pro Portion ca.: 580 kcal

1 | Das Gemüse waschen und putzen. Tomaten überbrühen, häuten und ohne Stielansätze würfeln. Zucchini und Möhren längs vierteln und quer halbieren. Rüben achteln. Zwiebeln schälen und hacken.

2 | Öl in einem Topf erhitzen, Zwiebeln darin andünsten, mit Fond und 1/4 l Wasser ablöschen. Gewürze, Kräuter, Zitronenschale, Tomaten, Möhren und Rüben zugeben, salzen und pfeffern. Bei mittlerer Hitze zugedeckt ca. 12 Min. köcheln lassen. Zucchini zugeben, weitere 10 Min. garen. Fisch in 6–8 cm große Stücke schneiden und mit den Garnelen in den Fond geben, in 15–20 Min. bei schwacher Hitze garen.

3 | Inzwischen Couscous nach Anleitung (s. Seite 11) zubereiten und auf eine Platte schichten. Gemüse und Fisch aus der Brühe fischen und darauf verteilen. Etwas Fond mit Harissa verrühren und zum Couscous servieren.

im Bild vorne: **Fischcouscous** *im Bild hinten:* **Chermoula-Fisch** ➤

fruchtig | würzig

Hackbällchen in Sauce

FÜR 4 PERSONEN

- 8 getrocknete Datteln
- 3 große Zwiebeln
- 2 EL Olivenöl
- 2 Dosen stückige Tomaten (à 400 g)
- 1 1/2 EL Ras el-Harnout (s. Seite 9)
- Salz | Pfeffer
- 4 EL Mandelstifte
- 600 g Rinder- oder Lammhackfleisch | 1 Ei
- 2 EL Semmelbrösel
- 1 TL Kreuzkümmelpulver
- je 1/4 TL Zimtpulver und Harissa
- 2 Msp. Nelkenpulver
- 1 EL getrockneter Oregano

Zubereitung: 50 Min.

Pro Portion ca.: 575 kcal

1 | Die Datteln achteln, dabei Kerne entfernen. Zwiebeln schälen und fein hacken, zwei Drittel im heißen Öl andünsten. Tomaten, Datteln und Ras el-Harnout zugeben und offen 20 Min. köcheln lassen. Salzen und pfeffern, Mandelstifte unterrühren.

2 | Inzwischen das Hackfleisch mit den übrigen Zwiebeln, Ei, Semmelbröseln, übrigen Gewürzen und Oregano gut vermengen und zu 20 Bällchen formen.

3 | Die Hackbällchen in die Sauce legen und zugedeckt bei schwacher Hitze ca. 20 Min. weitergaren.

TIPP

Die Bällchen schmecken auch gebraten oder gegrillt; mit der Tomatensauce oder einem Joghurtdip servieren.

deftig | preiswert

Rindfleisch mit Kichererbsen

FÜR 4 PERSONEN

- 2 Gemüsezwiebeln
- 1 Knoblauchzehe
- 3 EL Olivenöl
- 800 g Rindergulasch
- Salz
- 1 Dose stückige Tomaten (400 g)
- 2 EL Baharat (s. Seite 9)
- 1 Dose Kichererbsen (240 g Abtropfgewicht)
- Koriandergrün zum Bestreuen

Zubereitung: 20 Min.

Garzeit: 1 Std. 15 Min.

Pro Portion ca.: 375 kcal

1 | Die Zwiebeln schälen und längs achteln. Knoblauch schälen und würfeln. Olivenöl in einem breiten Topf erhitzen und das Fleisch darin portionsweise rundherum anbraten. Zwiebeln und Knoblauch zugeben, 2 Min. mitbraten, salzen.

2 | Die Tomaten dazugeben und mit Baharat würzen. Zugedeckt bei schwacher Hitze 1 Std. schmoren. Die Kicherbsen in ein Sieb geben, kalt abbrausen, abtropfen lassen, zum Fleisch geben und weitere 15 Min. schmoren. Das fertige Gericht vor dem Servieren mit gehacktem Koriander bestreuen.

Beilage: Couscous oder Reis.

im Bild vorne: **Hackbällchen in Sauce** *im Bild hinten:* **Rindfleisch mit Kichererbsen**

mild | würzig

Lamm in Joghurtsauce

FÜR 4 PERSONEN

- 1 kg Lammfleisch (z. B. aus der Keule)
- 2 Zwiebeln
- 2 EL Butterschmalz
- 200 g Joghurt
- 1 1/2 TL Kurkumapulver
- 1 TL Kreuzkümmelpulver
- je 1/4 TL Piment-, Nelken- und Zimtpulver
- 1 Msp. Safranpulver
- Salz
- Koriandergrün zum Bestreuen

Zubereitung: 20 Min.
Garzeit: 45 Min.
Pro Portion ca.: 360 kcal

1 | Das Fleisch in 2 cm große Würfel schneiden. Die Zwiebeln schälen und würfeln.

2 | Das Butterschmalz in einem großen Topf erhitzen, Zwiebeln darin kurz anbraten. Fleisch zugeben, einmal umrühren, sofort den Joghurt untermischen und verrühren. Die Gewürze zugeben und salzen. Zugedeckt bei schwacher Hitze ca. 45 Min. garen, gelegentlich umrühren.

3 | Das fertige Gericht mit Salz abschmecken und mit Koriander bestreut servieren.

für Gäste

Honig-Lammhaxen

FÜR 4 PERSONEN

- 4 Lammhaxen (ca. 1,2 kg)
- 1 1/2 EL Baharat (s. Seite 9)
- 4 Zwiebeln
- 3 EL Butterschmalz
- 2 Zimtstangen
- 400 ml Lammfond (Glas)
- Salz
- 150 g geschälte Mandeln
- 4 EL Honig
- 12 Trockenpflaumen
- Saft von 1/2 Zitrone

Zubereitung: 20 Min.
Garzeit: 2 Std.
Pro Portion ca.: 715 kcal

1 | Die Lammhaxen kalt abspülen, trockentupfen, mit Baharat einreiben. Die Zwiebeln schälen und in Streifen schneiden.

2 | 2 EL Butterschmalz in einem Bräter erhitzen, die Zwiebeln darin andünsten. Die Haxen zugeben und rundherum 2 Min. anbraten. Zimt und Fond zugeben, salzen und zugedeckt bei ganz schwacher Hitze ca. 2 Std. schmoren.

3 | Inzwischen die Mandeln im übrigen Butterschmalz in 3–5 Min. braun braten und auf Küchenpapier geben.

4 | Das Fleisch aus der Sauce nehmen und zugedeckt warm stellen. Honig in die Sauce rühren und in 10 Min. bei starker Hitze einkochen lassen. Gleichzeitig die Pflaumen in leicht siedendem Salzwasser ziehen lassen.

5 | Zitronensaft in die Sauce rühren. Fleisch hineingeben, kurz erwärmen. Die Plaumen abgießen, mit Mandeln in die Sauce geben und servieren.

Beilage: Couscous.

im Bild vorne: Lamm in Joghurtsauce *im Bild hinten:* Honig-Lammhaxen aus Marokko

Zitronen-Oliven-Huhn

FÜR 4 PERSONEN

- 1 Poularde (ca 1 1/2 kg, in 8 Teile zerteilt)
- 2 Portionen Chermoula (s. Seite 9)
- 1/2 TL Kurkumapulver
- 6 türkische Spitzpaprika
- 2 kleine Zucchini
- Salz | Pfeffer
- 2 EL Butterschmalz
- 400 ml Hühnerbrühe
- 2 Salzzitronen (s. Seite 8)
- 100 g grüne Oliven
- Koriandergrün zum Bestreuen

Zubereitung: 35 Min.
Marinierzeit: 6 Std.
Garzeit: 1 Std. 15 Min.
Pro Portion ca.: 510 kcal

1 | Die Fleischstücke waschen und trockentupfen. Chermoula mit Kurkuma mischen. Die Hähnchenhaut leicht mit den Fingern lösen und die Hälfte Chermoula darunter verteilen. Übrige Chermoula und Fleisch mischen. Zugedeckt 6 Std. in den Kühlschrank stellen.

2 | Den Backofen auf 180° vorheizen. Die Paprika längs vierteln, putzen und waschen. Zucchini waschen, putzen, quer halbieren und längs vierteln. Fleisch aus der Chermoula nehmen, salzen und pfeffern. Schmalz in einem Bräter erhitzen, Fleisch rundherum anbraten. Gemüse zum Fleisch einschichten, Brühe und Chermoula zugeben und zugedeckt im Backofen (Mitte, Umluft 160°) 1 Std. garen.

3 | Die Salzzitronen vierteln, das Innere entfernen, Schale und Oliven unter das Fleisch mischen und weitere 15 Min. garen. Mit Koriandergrün bestreuen.

edel | raffiniert

Granatapfelente

FÜR 4 PERSONEN

- 150 g Walnusskerne
- 2 Zwiebeln
- 1 El Butterschmalz
- 8 EL Granatapfelmuttersaft (Reformhaus; ersatzweise Saft von 3 Granatäpfeln)
- 1/4 l Entenfond (Glas; ersatzweise Hühnerfond)
- 1/4 TL Zimtpulver
- Salz | Pfeffer
- 2 Entenbrüste (à 400 g)
- 1 EL Honig
- 1 Granatapfel

Zubereitung: 40 Min.
Garzeit: 30 Min.
Pro Portion ca.: 880 kcal

1 | Die Walnüsse hacken, Zwiebeln schälen und hacken. Schmalz erhitzen, Zwiebeln und Walnüsse darin andünsten und mit Granatapfelsaft und Fond ablöschen. Mit Zimt, Salz und Pfeffer würzen, offen bei mittlerer Hitze 25 Min. köcheln.

2 | Inzwischen Ofen auf 180° vorheizen. Die Entenbrüste abtupfen, Haut gitterförmig einschneiden, salzen und pfeffern. In einer ofenfesten Pfanne auf der Hautseite bei mittlerer Hitze 5 Min. braten, wenden und 2–3 Min. braten.

3 | Honig in die Sauce rühren, diese über das Fleisch gießen. Im Backofen (Mitte, Umluft 160°) 20–30 Min. garen. Vor dem Servieren Granatapfelkerne unter die Sauce mischen.

im Bild vorne: Granatapfelente *im Bild hinten:* Zitronen-Oliven-Huhn

Klassiker aus Marokko

Pastilla

FÜR 1 SPRINGFORM
VON 24 CM Ø

- 3 Zwiebeln
- 1 Stück frischer Ingwer (2 cm)
- 8 EL Butterschmalz
- 1 Hähnchen (ca. 1 kg, in Stücke zerteilt)
- je 1/2 TL Safranfäden und Kurkumapulver
- Salz | Pfeffer
- 6 EL gehackte Petersilie
- 2 EL gehacktes Koriandergrün
- 2 EL Zimtpulver
- 3 Eier
- Saft von 1/2 Zitrone
- 12 EL Puderzucker
- 150 gemahlene geschälte Mandeln
- 400 g Yufka-Teig

Zubereitung: 50 Min.
Garzeit: 45 Min.
Backzeit: 30 Min.
Bei 8 Stück pro Stück ca.: 550 kcal

1 | Zwiebeln und Ingwer schälen und hacken. Zwiebeln in 2 EL Butterschmalz in einem großen Topf andünsten, mit 1/2 l Wasser ablöschen. Fleisch kalt abspülen und mit Ingwer, Gewürzen und Kräutern in den Topf geben. Zugedeckt bei ganz schwacher Hitze 45 Min. garen. Fleisch herausnehmen.

2 | 1/2 EL Zimt in die Brühe rühren und auf 1/4 l einkochen lassen. Hitze reduzieren. Eier mit Zitronensaft verquirlen, in die Brühe gießen, cremig köcheln (nicht kochen) lassen.

3 | Inzwischen Hähnchenfleisch vom Knochen lösen, Haut entfernen und Fleisch kleinschneiden. Brühe vom Herd nehmen, Fleisch zugeben und abkühlen lassen.

4 | 10 EL Puderzucker, Mandeln und 1 EL Zimt mischen. Backofen auf 200° vorheizen. Restliches Schmalz schmelzen. Form fetten. Teig in 6 über die Form lappende Stücke schneiden und mit Schmalz bepinseln. 2 Blätter in die Form legen, Fleischmasse darauf geben, Blätter nach innen darüber schlagen. 2 Blätter darüber legen, mit Mandelmischung bestreuen und nach innen schlagen. Die übrigen Blätter darüber legen und unter die Pastete falten.

5 | Die Pastete mit restlichem Schmalz bepinseln und im Backofen (Mitte, Umluft 180°) in 25–30 Min. goldbraun backen (eventuell mit Backpapier abdecken). Etwas abkühlen lassen und mit restlichem Puderzucker und Zimt bestäuben.

TIPP

Die Pastilla lässt sich gut vorbereiten und einfrieren; dazu die fertige ungebackene Pastete einfach in Alufolie schlagen und in der Springform ins Gefrierfach stellen, nach 2–3 Std. die Springform entfernen.

Desserts, Gebäck und Getränke

Zuckersüße Desserts und honigtropfendes Gebäck, dazu ein Tässchen Mokka – das ist der Höhepunkt eines orientalischen Mahles. Ein süßer Abschluss gehört einfach dazu und ist ganz besonderer Ausdruck orientalischer Gastfreundschaft. Im Alltag wird meist frisches Obst gereicht, pur oder mit ein paar Nüssen als erfrischender Salat angemacht.

Blitzrezepte

Kardamom-Milchreis

FÜR 4 PERSONEN

➤ **1 l Milch | 80 g Rundkornreis (Milchreis) | 5 EL Rosinen | 6 EL Zucker 60 g Mandelstifte | 3/4 EL Speisestärke 1/2 TL Kardamompulver | 4 frische Feigen | 1 EL Rosenwasser**

1 | Milch erhitzen, Reis, Rosinen und Zucker einrühren und 20–25 Min. köcheln lassen, ab und zu umrühren.

2 | Mandeln in einer Pfanne ohne Fett braun rösten. Stärke mit 3 EL kaltem Wasser verrühren und mit Kardamom und der Hälfte der Mandeln unter den Reis rühren. Unter Rühren köcheln lassen, bis der Reis andickt, abkühlen lassen. Feigen waschen und vierteln. Reis mit Rosenwasser beträufeln, mit Feigen und übrigen Mandeln belegen.

Obstsalat

FÜR 4 PERSONEN

➤ **300 g Wassermelone | 250 g Erdbeeren | 250 g Aprikosen | 2 Orangen 60 g Zucker | 1 EL Orangenblütenwasser 3 EL gehackte Pistazienkerne**

1 | Melone schälen, entkernen und in Stücke schneiden. Erdbeeren waschen, putzen und vierteln. Aprikosen waschen, längs achteln, dabei Steine entfernen. Von 1 Orange Schale und weiße Haut entfernen, Frucht filetieren, Saft auffangen.

2 | 1 Orange auspressen. Saft mit 50 ml Wasser und Zucker in 10 Min. bei starker Hitze sirupartig einkochen lassen. Abkühlen lassen und Orangenwasser einrühren. Mit dem Obst mischen, 2 Std. zugedeckt kalt stellen. Mit Pistazien bestreuen.

preiswert | erfrischend

Rosensorbet

FÜR 4–6 PERSONEN

- **250 g Zucker**
  Schale und Saft von 1/2 unbehandelten Zitrone
  3 EL Rosenwasser
  1 EL Grenadinesirup
  1 Eiweiß

Zubereitung: 15 Min.
Gefrierzeit: 2 1/2 Std.
- Bei 6 Personen pro Portion ca.: 175 kcal

1 | Den Zucker mit 1/2 l Wasser in einem Topf verrühren, bis sich der Zucker aufgelöst hat. Zitronenschale zugeben, erhitzen und 5 Min. offen einkochen lassen. Vollständig abkühlen lassen.

2 | Zitronenschale aus dem Sirup entfernen. Zitronensaft, Rosenwasser und Grenadine einrühren. In eine Eismaschine füllen und (nach Gebrauchsanleitung, siehe Tipp) gefrieren lassen.

3 | Nach 20–30 Min. Gefrierzeit (wenn die Masse beginnt fest zu werden) das Eiweiß steif schlagen und unterheben. In 1 1/2–2 1/2 Std. (je nach Eismaschine) fertig gefrieren lassen.

TIPP

Ohne Eismaschine

Die Zuckermasse in eine Mertallschale füllen und ca. 1 1/2 Std. in das Gefriergerät stellen. Den Eischnee unterrühren und die Masse ca. 3 1/2 Std. in das Gefriergerät stellen, dabei alle 30 Min. gut durchmixen.

aus Ägypten

Umm Ali

FÜR 4–6 PERSONEN

- **6 EL Butter**
  400 g Yufka-Teig
  100 g getrocknete Aprikosen
  je 50 g Haselnuss- und Pistazienkerne
  50 g Kokosflocken
  1/2 EL Zimtpulver
  80 g Zucker
  800 l Milch
  100 g Crème fraîche

Zubereitung: 40 Min.
Backzeit: 20 Min.
- Bei 6 Personen pro Portion ca.: 645 kcal

1 | Den Backofen auf 200° vorheizen. 5 EL Butter zerlassen und die Teigblätter damit einpinseln. Die Blätter nacheinander auf ein Blech legen und im Backofen in 6–8 Min. kross und braun backen. Ofen eingeschaltet lassen.

2 | Die Aprikosen klein würfeln, Haselnüsse und Pistazien grob hacken und mit Kokosflocken und Zimt mischen. Den Zucker in der Milch auflösen.

3 | Die Teigblätter in Stücke brechen, die Hälfte davon in eine ofenfeste Form geben. Mit der Nussmischung bestreuen und restlichen Teig darauf geben.

4 | Die Milch in die Form gießen und Crème fraîche darauf verteilen. Restliche Butter in Flöckchen darauf verteilen. Im Backofen (Mitte, Umluft 180°) in 20 Min. goldbraun backen.

im Bild vorne: **Rosensorbet** *im Bild hinten:* **Umm Ali**

gelingt leicht

Süßer Couscous

FÜR 4 PERSONEN

- **5 EL Rosinen**
- **8 getrocknete Datteln**
- **1 Granatapfel**
- **4 EL Mandelblättchen**
- **400 g Couscous**
- **1 Prise Salz**
- **3 EL Butter**
- **2 TL Zimtpulver**
- **4 EL Puderzucker**
- **2 EL Orangenblütenwasser**

Zubereitung: 25 Min.

Pro Portion ca.: 575 kcal

1 | Die Rosinen in eine Schüssel geben, mit heißem Wasser überbrühen und quellen lassen.

2 | Inzwischen die Datteln längs achteln, dabei den Kern entfernen. Den Granatapfel halbieren und die roten Fruchtkerne herauslösen. Die Mandeln in einer Pfanne ohne Fett hellbraun rösten.

3 | Couscous nach Packungsangabe mit 1 Prise Salz zubereiten, Butter unterrühren. Rosinen abgießen, abtropfen lassen und mit Granatapfelkernen, Datteln, Mandelblättchen, 1 1/2 TL Zimtpulver, 3 EL Puderzucker und Orangenblütenwasser gut mit dem Couscous mischen. Auf eine Platte schichten, mit restlichem Zimt und Puderzucker überstäuben und warm servieren.

TIPP Den Couscous kann man auch gut als süßes Hauptgericht servieren.

raffiniert | würzig

Gewürzquitten

FÜR 4 PERSONEN

- **4 Quitten**
- **200 ml Orangensaft, frisch gepresst**
- **Schale von 1/2 unbehandelten Orange**
- **100 g Zucker**
- **6 Pimentkörner**
- **1 Stange Zimt**
- **1 Gewürznelke**
- **Saft von 1/2 Zitrone**

Zubereitung: 25 Min.

Garzeit: 45 Min.

Pro Portion ca.: 155 kcal

1 | Quitten vierteln, Kerngehäuse herausschneiden, schälen und jedes Viertel nochmals längs dritteln.

2 | 100 ml Orangensaft und die restliche Zutaten (bis auf den Zitronensaft) mit den Quitten in einen Topf geben. Erhitzen und dabei rühren, bis sich der Zucker gelöst hat, dann zugedeckt bei mittlerer Hitze 25–30 Min. köcheln lassen, bis die Quitten weich sind (sie sollten nicht zerfallen).

3 | Die Quitten herausnehmen und in eine Schale geben. Den übrigen Orangensaft zum Sud geben und bei starker Hitze in 10–15 Min. sirupartig einkochen lassen. Mit Zitronensaft abschmecken und über die Quitten gießen. Abgekühlt servieren.

Beilage: Süßer Couscous (Rezept links) oder ein Klecks Joghurt mit Honig.

gelingt leicht

Orangenkuchen

FÜR EINE AUFLAUFFORM (15 X 20 CM)

- **100 g Orangeat**
- **250 g Hartweizengrieß**
- **1/2 Päckchen Backpulver**
- **Salz | 1/2 TL Zimtpulver**
- **3 Orangen, davon 1 unbehandelt**
- **3 Eier | 250 g Joghurt**
- **75 g Butter | 200 g Zucker**
- **3 EL Orangenblütenwasser**

Zubereitung: 1 Std. 15 Min.

Bei 20 Stück pro Stück ca.: 155 kcal

1 | Den Backofen auf 175° vorheizen. Orangeat hacken und mit Grieß, Backpulver, 1 Prise Salz und Zimt mischen. Die unbehandelte Orange heiß waschen, trocknen, die Schale abreiben und zum Grieß geben. Die Eier mit dem Joghurt verquirlen.

2 | Butter schmelzen, Form fetten. Grieß mit Ei-Joghurt-Masse und übriger Butter gut verrühren. In die Form füllen und im Backofen (Mitte, Umluft 175°) in 40 Min. goldbraun backen.

3 | Inzwischen die Orangen auspressen. Den Saft mit Zucker und 300 ml Wasser bei starker Hitze in 20 Min. einkochen lassen. Den Sirup abkühlen lassen und das Orangenblütenwasser unterrühren.

4 | Den heißen Kuchen mit einem Zahnstocher mehrmals einstechen und mit dem Sirup tränken. Gut gekühlt servieren.

gelingt leicht

Dattelröllchen

FÜR 24 STÜCK

- **250 g getrocknete Datteln**
- **je 200 g Mandeln und Walnusskerne**
- **100 g ungesalzene Pistazienkerne**
- **7 EL Honig**
- **Saft von 1 Zitrone**
- **4 EL Rosenwasser**
- **1/4 TL Kardamompulver**
- **1 TL Zimtpulver**
- **2 Bögen runder Yufka-Teig (ca. 280 g)**
- **100 g Butter**
- **Backpapier für das Blech**
- **Puderzucker zum Bestreuen**

Zubereitung: 40 Min.

Backzeit: 25 Min.

Pro Stück ca.: 235 kcal

1 | Die Datteln entsteinen und mit den Nüssen und Pistazien im Blitzhacker zerkleinern. Mit Honig, Zitronensaft, Rosenwasser und Gewürzen vermengen.

2 | Die Teigbögen vierteln, jedes Viertel nochmals dritteln. Butter zerlassen und den Teig damit bestreichen.

3 | Backofen auf 200° vorheizen. Blech mit Backpapier auslegen. Die Dattelmasse in 24 Röllchen formen. Jeweils 1 Röllchen auf das breite Ende von 1 Teigdreieck legen, Teig darüber rollen, die Seiten darüber einschlagen und zur Spitze hin fertig aufrollen.

4 | Die Röllchen mit Butter bestreichen, auf das Blech legen und im Backofen (Mitte, Umluft 175°) in 20–25 Min. goldbraun backen, dabei einmal wenden. Abkühlen lassen und mit Puderzucker überstäuben.

im Bild vorne: **Dattelröllchen** *im Bild hinten:* **Orangenkuchen**

preiswert

Safranbällchen

FÜR 20 STÜCK

➤ **1/8 l Milch**
2 Msp. Safranpulver
20 g Hefe (1/2 Würfel)
300 g Zucker | 300 g Mehl
50 g Butter | 4 Eigelbe
Saft von 1 Zitrone
3 EL Rosenwasser
Öl zum Frittieren

Zubereitung: 1 Std.
Ruhezeit: 1 Std. 15 Min.
➤ Pro Stück ca.: 190 kcal

1 | Milch erwärmen und mit Safran verrühren. Lauwarm abkühlen lassen, Hefe hineinbröckeln, mit 3 EL Zucker 15 Min. gehen lassen.

2 | Mehl in eine Schüssel geben, weiche Butter in Flöckchen dazugeben. Mit Hefeansatz und Eigelben in 8–10 Min. zu einem glatten Teig verkneten. Zugedeckt an einem warmen Ort 1 Std. gehen lassen.

3 | Inzwischen übrigen Zucker und 375 ml Wasser unter Rühren bei starker Hitze in 15 Min. zu einem Sirup einkochen lassen, Zitronensaft und Rosenwasser unterrühren.

4 | Den Teig durchkneten und zu 20 Bällchen formen. Die Bällchen im heißen Öl in ca. 5 Min. portionsweise goldgelb ausbacken. Auf Küchenpapier abtropfen lassen und im Sirup wenden.

Klassiker

Gazellen-hörnchen

FÜR 30 STÜCK

➤ **500 g Mehl | Salz**
250 g Butter
8 EL Orangenblütenwasser
250 g gemahlene geschälte Mandeln
200 g Puderzucker
1/2 TL Zimtpulver | 1 Ei
Schale von 1 Orange
Puderzucker und Mehl für die Arbeitsfläche
Backpapier für das Blech

Zubereitung: 1 Std.
Backzeit: 20 Min.
➤ Pro Stück ca.: 200 kcal

1 | Mehl und Salz mischen. Butter zerlassen, abgekühlt mit 4 EL Orangenwasser zum Mehl geben. Zu einem elastischen Teig kneten, eventuell etwas Wasser zugeben. In Folie 30 Min. kühl stellen.

2 | Inzwischen Mandeln, Puderzucker und Zimt mischen. Das Ei trennen, Eiweiß mit übrigem Orangenwasser, Orangenschale und Mandeln verkneten.

3 | Den Teig dünn auf Mehl ausrollen und in 30 ca. 10 cm lange und 6 cm breite Streifen schneiden. Mandelmasse auf etwas Puderzucker zu 30 ca. 8 cm langen Rollen formen.

4 | Den Backofen auf 200° vorheizen. Backblech mit Backpapier auslegen. Mandelrollen längs auf die Teigstücke legen, Teig darüber klappen und zusammendrücken. Die Enden zu Spitzen formen, Rollen zu Hörnchen biegen. Eigelb mit 2 EL Wasser verquirlen und auf die Hörnchen pinseln. Auf das Blech setzen und im Backofen (Mitte, Umluft 175°) in ca. 20 Min. braun backen.

im Bild vorne: **Gazellenhörnchen** *im Bild hinten:* **Safranbällchen** ➤

Klassiker aus Marokko

Minztee

FÜR 4–6 KLEINE GLÄSER

- **1 1/2 TL chinesischer grüner Tee (am besten: Gunpowder)**
  8 EL Zucker
  12 Zweige Minze

Zubereitung: 15 Min.

- Bei 6 Gläsern pro Glas ca.: 55 kcal

1 | Den grünen Tee in eine Kanne geben. 1 l Wasser zum Kochen bringen. Den Tee mit 1/4 l Wasser übergießen. Das Wasser sofort wieder abschütten (so wird der Teestaub entfernt).

2 | Den Tee mit übrigem Wasser aufbrühen, Zucker einrühren und 1–2 Min. quellen lassen. Inzwischen die Minze waschen, zum Tee geben und weitere 2 Min. ziehen lassen. In die Gläser gießen und heiß servieren.

Klassiker | zum Dessert

Arabischer Mokka

FÜR 1 MOKKAKÄNNCHEN (2 KLEINE MOKKATASSEN)

- **2 TL Zucker**
  2 geh. EL fein gemahlenes Kaffeepulver
  1 Prise Kardamompulver
  türkisches Mokkakännchen (Cezve)

Zubereitung: 10 Min.

- Pro Tasse ca: 65 kcal

1 | Den Zucker mit 1/8 l Wasser in dem Kännchen verrühren. Kaffee- und Kardamompulver dazugeben und unter Rühren erhitzen.

2 | Sobald der Kaffee leicht brodelnd zu kochen beginnt (es soll sich Schaum an der Oberfläche bilden), vom Herd nehmen und ein Drittel davon in die Tassen gießen.

3 | Wieder auf den Herd stellen, Vorgang wiederholen, dann den Rest in die Tassen gießen. Das Kaffeepulver absetzen lassen und den Kaffee heiß trinken.

erfrischend

Mandelmilch

FÜR 4–6 PERSONEN

- **400 g gemahlene geschälte Mandeln**
  200 g Zucker
  1 l Milch
  1 Msp. Zimtpulver
  1 EL Orangenblütenwasser

Zubereitung: 10 Min.

Kühlzeit: 12 Std.

- Bei 6 Personen pro Portion ca.: 520 kcal

1 | Mandeln mit 100 g Zucker mischen und mit 1 l heißem Wasser übergießen. Verrühren, bis sich der Zucker aufgelöst hat und über Nacht in den Kühlschrank stellen.

2 | Mandeln durch ein Sieb abgießen (anderweitig verwenden, z. B. für Gebäck), dabei das Wasser auffangen.

3 | Mandelwasser mit der Milch, 100 g Zucker, Zimt und Orangenblütenwasser gut mischen. Gut gekühlt, eventuell mit Eiswürfeln servieren.

im Bild vorne links: **Arabischer Mokka** *im Bild vorne rechts:* **Minztee** *im Bild hinten:* **Mandelmilch**

Glossar

In den Rezepten sind gelegentlich Zutaten enthalten, die weniger bekannt sind. Um das Einkaufen zu erleichtern, finden Sie hier dazu eine kurze Beschreibung.

Berberitzen
Die kleinen, roten Beeren des Berberitzenstrauches werden v. a. in der persischen Küche verwendet. Sie sind leicht säuerlich und werden für süße wie für herzhafte Gerichte verwendet. Man bekommt sie in getrockneter Form in iranischen oder türkischen Geschäften – guter Ersatz sind notfalls auch getrocknete Sauerkirschen. Zum Verarbeiten kalt waschen, verlesen und in heißem Wasser quellen lassen, in Wasser dämpfen oder in Öl dünsten.

Butterschmalz
Neben Olivenöl wird im Orient häufig Butterschmalz zum Kochen, Braten oder Backen verwendet. Meist handelt es sich dabei um geklärtes Butterfett ähnlich dem indischen Ghee. Es hat einen leicht säuerlichen und nussigen Geschmack und ist im Gegensatz zu Butter höher erhitzbar. Ghee ist in arabischen oder asiatischen Lebensmittelgeschäften erhältlich und im Kühlschrank sehr lange haltbar. Es kann durch normales Butterschmalz ersetzt werden.

Datteln
Der hohe Gehalt an leicht verdaulichem Zucker, Eiweiß, Vitaminen und Mineralsalzen macht Datteln zu einer idealen Mahlzeit. Hier zu Lande bekommt man Datteln meist in getrockneter Form. Bekannteste und schmackhafteste Sorte ist die kastanienbraune Medjool-Dattel mit weichem, saftigem Fruchtfleisch. Frisch angeboten werden Datteln in der Zeit von Oktober bis Januar und stammen meist aus Israel. Sie sind weniger süß als getrocknete und müssen möglichst schnell verzehrt werden.

Ingwer
Die Wurzeln einer Lilienart bekommt man getrocknet in Pulverform oder frisch. Frische Ingwerknollen müssen geschält werden. Sie schmecken frischer, leicht zitronig und schärfer als Ingwerpulver. Am besten schneidet man sie in kleine Würfel, beim Reiben werden sie faserig. Beim Kauf darauf achten, dass die Knollen prall und fest sind, nicht schrumpelig oder trocken.

Kardamom
Neben Safran und Vanille ist Kardamom im Vorderen Orient bis heute eines der teuersten Gewürze. Die dreieckigen grünen Samenkapseln bekommt man aber hier recht preisgünstig im Asienladen. Die Kapseln einfach aufschneiden und die schwarzen Samenkörner vor dem Verarbeiten leicht andrücken; so entfalten sie ihr volles Aroma. Gemahlenen Kardamom bekommt man als beliebtes Weihnachtsgewürz notfalls auch in der Apotheke.

Kurkuma
Wegen seiner stark färbenden Eigenschaften wird Kurkuma auch »Gelbwurz« genannt. Und tatsächlich wurde sie im Mittelalter in Arabien eher zum Färben als zum Würzen verwendet. Das gemahlene Pulver ist herb, fast schon etwas bitter und besitzt leichte Schärfe. Daher vorsichtig dosieren und nicht auf Bekleidung oder Handtücher

bringen – das gibt gelbe Flecken! Diese lassen sich übrigens mit Fett lösen.

Piment
Die dunkelbraunen runden Körner werden aufgrund ihres pfeffrig-aromatischen Geschmacks auch »Nelkenpfeffer« genannt – sie sind aber mit Pfeffer nicht verwandt. Gemahlener Piment erinnert im Duft leicht an Nelken oder Zimt und ist Bestandteil vieler orientalischer Gewürzmischungen – genau richtig für kräftige Suppen, Fleischgerichte und Ragouts.

Pistazien
Vor allem in der Türkei und im Iran sind Pistazien besonders beliebt. Speziell süßen Gerichten und Gebäck verleihen sie nicht nur Geschmack, sondern sind mit ihrer leuchtend grünen Farbe gleichzeitig attraktive Garnierung. Zu kaufen gibt es Pistazien in Schalen (meist jedoch gesalzen) sowie geschält und dann nicht gesalzen. Pistazien ohne Schale sollten nicht zu lange und luftdicht verpackt aufbewahrt werden; sie bekommen sonst leicht eine gummiartige Konsistenz.

Rosenblüten
Getrocknete Blüten werden in einigen orientalischen Gewürzmischungen verwendet und sehen außerdem höchst dekorativ aus. Man bekommt sie in guten Gewürzläden oder Teeläden (Rosenblütentee schmeckt ebenfalls hervorragend).

Schwarzkümmel
Schwarzkümmel oder Nigella kennt man vor allem vom türkischen Fladenbrot. Die schwarzen, sesamähnlichen Körner bekommt man in Naturkost- oder asiatischen Geschäften. (Vorsicht: Oft werden sie mit schwarzem Zwiebelsamen verwechselt, der völlig anders schmeckt!).

Tahin
Tahin (türkisch) oder Tahina (arabisch) ist eine Paste aus gemahlenen Sesamkörnern. Das Mus aus ungeschälten Körnern ist etwas aromatischer als das aus geschälten. Kaufen kann man Tahin in Reformhaus- oder Naturkostgeschäften. Die Gläser sollten kühl und dunkel gelagert werden. Das Mus vor der Verarbeitung immer gut durchrühren, da sich das Öl oben absetzt.

Tajine
Hierbei handelt es sich um einen speziellen Tontopf mit flacher Schale und hohem, kegelförmigem Trichterdeckel. Er gab auch den beliebten nordafrikanischen Tajine-Gerichten ihren Namen, die oft stundenlang, ganz langsam gegart werden. Man bekommt Tajine-Töpfe häufig in Geschäften für orientalische Inneneinrichtung, muss aber unter Umständen noch eine passende Zwischenwärmeplatte für Elektroherde dazukaufen. Problemlos kann man alle Töpfe in den Backofen stellen, ebenso wie den Römertopf, der genauso gut als Ersatz geeignet ist wie ein großer Bräter.

Gewürzbezugsadressen:

Gewürzhaus Alsbach
An der Staufenmauer 11
60311 Frankfurt
www.alsbachgewuerze.de

VIOLAS'
Gewürze & Delikatessen
Eggendorfer Baum 43
20249 Hamburg
www.violas.de

Zum Gebrauch
Damit Sie Rezepte mit bestimmten Zutaten noch schneller finden können, stehen in diesem Register zusätzlich auch beliebte Zutaten wie **Bulgur** oder **Joghurt** – ebenfalls geordnet und **halbfett** gedruckt – über den entsprechenden Rezepten.

Die Autorin

Tanja Dusy lebt in München. Ihre Leidenschaft fürs Kochen brachte die Fernsehredakteurin über den Umweg der Vox-Sendung »Kochduell«, der Arbeit als freier Journalistin und als Köchin in einem Cateringbetrieb dazu, ihr Hobby endlich ganz zum Beruf zu machen. Seit Anfang 2001 ist Tanja Dusy Redakteurin im GRÄFE UND UNZER VERLAG.

Der Fotograf

Jörn Rynio arbeitet als Fotograf in Hamburg. Zu seinen Auftraggebern gehören nationale und internationale Zeitschriften, Buchverlage und Werbeagenturen. Aus seinem Studio stammen alle Fotos in diesem Band. Tatkräftig unterstützt wurde er dabei von seiner Foodstylistin Petra Speckmann.

Bildnachweis

Barbara Lutterbeck, S. 4, S. 5
Teubner Foodfotografie S. 6, S. 7;
alle anderen: Jörn Rynio, Hamburg

Gedruckt auf Primasilk 130 g/qm holzfrei matt gestrichen Bilderdruck, made by StoraEnso, geliefert von der Papier Union

Programmleitung:
Doris Birk
Leitende Redakteurin:
Birgit Rademacker
Redaktion: Susanne Klug, Stefanie Poziombka
Lektorat:
Adelheid Schmidt-Thomé
Layout, Typografie und Umschlaggestaltung:
Independent Medien Design, München
Satz:
Verlagssatz Lingner
Herstellung:
Gloria Pall
Reproduktion:
Repro Ludwig, Zell am See
Druck und Bindung:
Kaufmann, Lahr

ISBN 3-7742-6336-1

Auflage	5.	4.	3.	2.	1.
Jahr	2008	07	06	05	04

GRÄFE UND UNZER

Ein Unternehmen der
GANSKE VERLAGSGRUPPE

DAS ORIGINAL · GU · MIT GARANTIE ·

Das Original mit Garantie

Ihre Meinung ist uns wichtig. Deshalb möchten wir Ihre Kritik, gerne aber auch Ihr Lob erfahren. Um als führender Ratgeberverlag für Sie noch besser zu werden. Darum: Schreiben Sie uns! Wir freuen uns auf Ihre Post und wünschen Ihnen viel Spaß mit Ihrem GU-Ratgeber.

Unsere Garantie: Sollte ein GU-Ratgeber einmal einen Fehler enthalten, schicken Sie uns das Buch mit einem kleinen Hinweis und der Quittung innerhalb von sechs Monaten nach dem Kauf zurück. Wir tauschen Ihnen den GU-Ratgeber gegen einen anderen zum gleichen oder ähnlichen Thema um.

Ihr Gräfe und Unzer Verlag
Redaktion Kochen
Postfach 86 03 25
81630 München
Fax: 089/41981-113
e-mail: leserservice@graefe-und-unzer.de